ひとりっ子の取扱説明書

Dalle Dalle

廣済堂出版

ここがすごい！ ここがフシギ!?
ひとりっ子の
3大性能&7つの特徴

個性的な性格が1分でわかる10のポイントをここに紹介。
もっとくわしく知りたい方は、11ページ以降へ！

●3大性能

1 タイクツを感じない高耐久性

小さいころはひとり遊び、オトナになったらひとりご飯。ひとりですごすのは大の得意。豊かな空想力で、どんな時間もたやすくつぶせる。

2 プレッシャーが逆に栄養源

周囲からのプレッシャーが高ければ高いほど燃える。スポットライトを浴びるのが大好きで、緊張するより期待に応えたい思いでやりとげてしまう。

3 バツグンの「ひとの顔色」識別能力

相手の顔色の変化をつぶさにキャッチ。親の顔色を見て愛情を計ってきた経験から分析し、対応策を決定。ただしデータベースが親だけなので失敗することも。

●7つの特徴

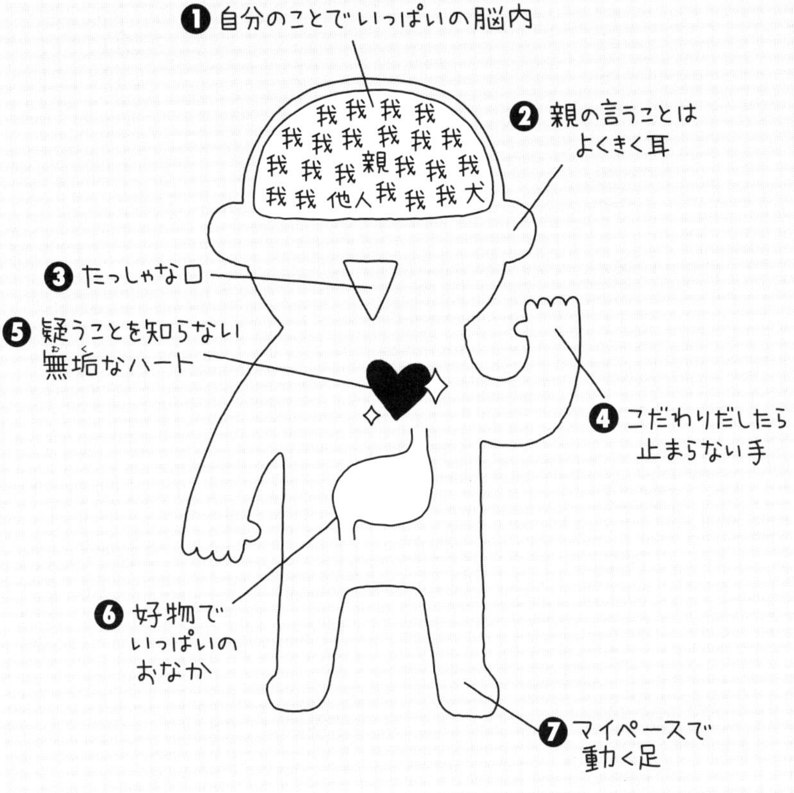
❶自分のことでいっぱいの脳内
我我我我
我我我我我我
我我我親我我我
我我他人我我我犬
❷親の言うことはよくきく耳
❸たっしゃな口
❹こだわりだしたら止まらない手
❺疑うことを知らない無《む》垢《く》なハート
❻好物でいっぱいのおなか
❼マイペースで動く足

エヘ

もくじ

Contents

ひとりっ子の取扱説明書

ご利用前の準備

「ひとりっ子の取扱説明書」とは

たとえば、「あの子はひとりっ子だから……」ってだれかがいったとしよう。「……」にあてはまることばがふたつ3つだれでもイメージできるはず。

「ワガママ、過保護、さみしがりや」というひとりっ子のイメージは、少子化時代でひとりっ子が増えてきた、いまの時代でもつきまとう。
100年前のアメリカでは「ひとりっ子というだけで病気だ」なんていわれたんだって。う～ん、ビョーキかぁ……保険はきくのかな。

本書は、ある「ひとりっ子」が、ひとりっ子ってホントはどうなんだろう？と思いつくまま並べてみたリアルな気持ちのかたまり。
ひとりっ子のあなたも、そうじゃないあなたも、読めばきっと、ひとりっ子の気持ちがちょっとわかって、取り扱い方がうまくなる……かもね。

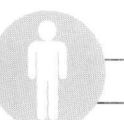

本書の読み方

・あくまで、あるひとりっ子の独断と偏見

・「ひとりっ子らしい傾向」ぐらいの気持ちで

・あてはまるところがその人らしさ

・あてはまらないところもその人らしさ

・肩の力を抜いて読みましょう

世界でひとつの説明書にカスタマイズ

1 あてはまる項目にチェックしてみる。

2 各ページがアナタ or アナタの身近なひとりっ子仕様にカスタマイズ！

3 最後までいくと、オリジナルの「ひとりっ子の取扱説明書」が完成。

4 完成したら、ひとりっ子は「これ、自分です」って自己紹介に使えます。身近にひとりっ子がいる人は、これを差しだせば会話がはずみます。

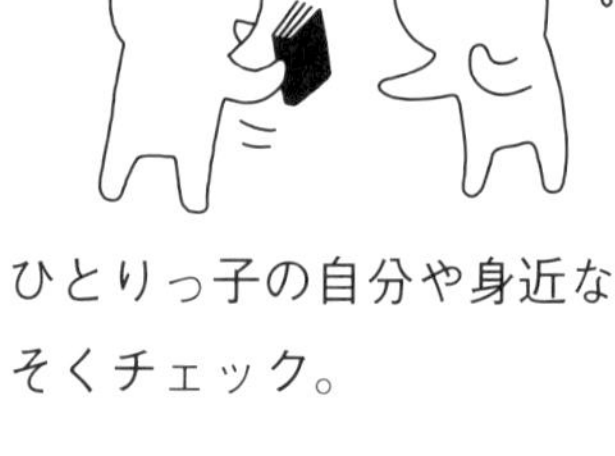

まず、深呼吸。ひとりっ子の自分や身近なひとりっ子をイメージして、さっそくチェック。

1 基本的な機能〈好き・嫌い・習性・思考〉

Basic Functions

・人に教えてもらうのがニガテ。 □

・道に迷ってもひとりでがんばる。 □

・迷って、迷って、迷って、結局、人に聞く。 □

・なんだ、すぐそこじゃん！ □

・とにかく人に口をはさまれるのがイヤ。 □

・だれかに口をはさまれたとたん、やりたいことでも、
やりたくなくなる。 □

・**キホン、「ほっといてくれ」** □

・結果がダメでもかまわない。 □

・ごーいんぐまいうぇい♪ □

・そのかわり、人をうらみません。 □

・**入院するときは借金してでも個室がいい。** □

・相部屋は無理です。 □

・知らない人といっしょに眠れない。 □

・刑務所入るときも独房のほうがいいな。 □

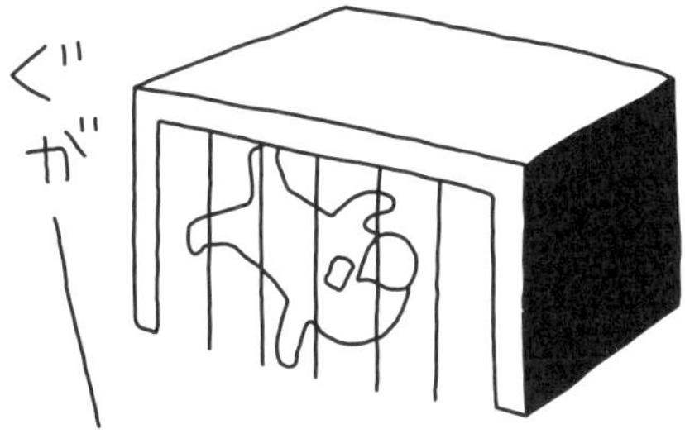

・そしたら思想犯か!? □

・**勝手に人んちの冷蔵庫のなかのぞくな。** □

・そのプリンも、イチゴも、肉まんも、だれのか
わかってるだろうな。 □

・うわー、クローゼットを勝手にあけるな。 □

・卒アルとか勝手に見るなって。 □

・あ、本棚だけは見られてもいいです。 □

・でも、貸してあげな～い。 □

・**貸し借りがものすごくニガテだから。** □

・借りるぐらいならもらいたいし、貸すぐらいなら、
もう１個買ってわたしたい。 □

・人にお金を借りたことを忘れる。 □

・人にお金を貸したことも忘れる。 □

・レンタルビデオはい〜っつも延滞。 □

・店員にも延滞ヤローって覚えられている。 □

・延滞料金でデッキが買えるよ。 □

・勝負ごと（ギャンブルとかゲーム）は好き。 □

・でも、負けるのがとにかくきらい。 □

・すこしの差で勝つより、圧勝したい。 □

・できるだけラクして勝ちたい。 □

・カラダよりアタマを使って。 □

・ホントに負けそうになったら、コンセントを抜いて強制終了。 □

・やりすぎて、人間関係が破たんすることも……。 □

・破たんしていることすら、なかなか気づかない。 □

- **ホントは、勝負ごと以外では、人と本気で争えない。** □

- ギャンブルやゲームは、最初から勝ち負けを決めるものだから気がラク。 □

- 飲食店で、相席になったらブルー。 □

- 先客がいたら、遠慮して別の店に行く。 □

- こっちが先客だったら、笑顔で「どうぞ」という。 □

- でも本心は落ち着かないから、チョー早く食べる。 □

・結局、食べた気がしない。胃が痛テテ。 □

・みんなでお茶しているときにシ〜ンとしちゃうと、
居心地の悪い空気に耐えられないから、積極的に
なんとかしようとする。でもできない。 □

・そんな自分の小心さがきらい。 □

・自分なりのバランスが崩れるのが、すごくイヤ。 □

・でも、そのバランスがどういうものか、
人に説明できない。 □

・説明する気もない。 □

・勝手にバランスとります。 □

・コケそうだったら、意見を引っこめます。 □

・やりすごそうとします。 □

・ジタバタしません。 □

・外ヅラだけはよいほうです。 □

・人前で転んだら、なにごともなかったような顔で、
すぐに立ち上がる。 □

・だれも見ていないのに、ものすごく注目されている
気がする。 □

・「タイクツ」になるのが怖いから、
一生懸命時間をつぶします。 □

・時間なんていくらでもつぶせるじゃないか。 □

・ホントにやることなかったら、空想でもしてればいい。 □

・空想、何時間でもできます。 □

・小説なら上下巻出せるぐらい、話がふくらんじゃう。 □

・寝る前に空想してたら、そのまま朝になってたこと何度も……。 □

・待ち合わせとか、約束はあんまりしない。 □

・予定を合わせてもらおうとも思わない。 □

・こちらに合わせたいというのなら、お好きにどうぞ。 □

- **おたがいの都合が合ったときに会いましょう。** □

- 都合が合わなかったら、合うときを待ちましょう。 □

- 「嫉妬《しっと》」という気持ちもよくわからない。 □

- キミはキミのやりたいことをやれ、
  わたしはわたしのやりたいことをやる。 □

- 人の生活ペースに合わせられない。 □

- 家族５人でトイレひとつってありえるの？ □

- ありえないよね。 □

・お風呂は入りたいときに入る。それがなにか？ □

・クーラーは28℃以上で通してますけど、なにか？ □

・乗ってた飛行機が落っこちても、自分だけは助かる気がする。 □

・**根拠のない自信がある。** □

・でも、環境の変化に弱い。 □

・コアラみたいなもんです。 □

・人助けはダイスキ♥ □

・気が向いたことはとことんやる。 □

・気が向かないことはまったくやらない。 □

・おねだりじょうず。 □

・お願いごとを聞いてほしいときの、キメゼリフがある。 □

・でも交渉はヘタ。 □

・くれるならくれる、くれないならくれない。結論出てるんでしょ？ □

・ＴＡＫＥよりＧＩＶＥのほうがラク。 □

・慎《つつし》み深いんじゃなくて、ゴーマンだから。 □

- 人とナベするのも好きだけど、遠慮しながら
  食べるのもイヤ。 □

- 食べたいものを食べたいだけ食べる。 □

- 血を見るのがきらい。 □

- ちょっと手を切っただけでも大げさにバンソウコウ。 □

- 「どうしたの？」っていわれるのが快感。 □

- 頭やおなかが痛いと、すぐ人にいってしまう。 □

- 「カゼひいたっぽい〜」も、すぐ人にいってしまう。 □

・「たいしたことないんだけど」って返すのも
　また快感。 □

・目玉焼きは卵ふたつ。 □

・ひとつじゃものたりません。 □

・しかも黄身のかたさはほどよく半熟でないと。 □

・粒ガムも一度にふたつ食べます。 □

・**ひとつしかくれないなら、**
　むしろいらない。 □

・人にマッサージしてもらうのが好き。 □

・温泉旅館とかにあるマッサージチェアも好き。 □

・**人に耳そうじしてもらうのは怖い。** □

・**テレビとかパソコンとか、機械がこわれるのがガマンならない。** □

・調子が悪いときのキホンは、ナグル、ケル。 □

・たとえ、パソコンでもナグル、ケル。 □

・テレビをなぐったら、こわれたことがある。 □

・いちどそれやって、もうコリましたが。 □

・この、根性なしテレビ。 □

・花火が好き。 □

・**たまやぁ〜。** □

・かぎやぁ〜。 □

・とかはいわない。 □

・ハデなのもいいけど、線香花火も好き。 □

・ネズミ花火も好き。 □

・花火のときはかならずバケツに水を用意。 □

・バケツに入れずに、そのへんに捨てるヤツは許さん！ □

・ときどき居留守を使う。 □

・好きな食べ物と、きらいな食べ物が
あったら、好きな物を最後に食べるタイプ。 □

・いや、好きな物しか食べないかも。 □

・2日連続で同じ献立《こんだて》はイヤだ。 □

**・カレーは２日目がおいしいなら、
２日目に出してくれ。** □

・人気のないおかずは手をつけない。 □

・ティッシュペーパーとかガンガン使う。 □

・ローションティッシュとフツーのティッシュ２箱が
かならず部屋に置いてあるよ。 □

**・ペットボトルより缶より紙パックより、
ビンが好き。** □

・かっこいいビンは捨てない。 □

・捨てられないビンで部屋がごちゃつく……。 □

・でも捨てられないんだよな、コレが。 □

・小銭を貯金している。 □

・500円玉だけで、10万円貯めたことがある。 □

・**何十回と読んだマンガを、寝る前に**
またよく読み返す。 □

・ときにはマンガが枕に。 □

・ここイチバンの場面にヨダレのあと。 □

・クライマックスで、寝たんだ。 □

・あ〜あ。 □

・でもこりずに同じ失敗をなんどもくり返す。 □

・**失敗したらまた買えばいい！** □

2 初期設定〈子ども時代〉

Default Settings

- ひとりあそびが苦にならない。 □
- えんえんと続けられる。 □
- ひとり「ごっこあそび」も得意だった。 □
- 今日は忍者、明日はシンデレラ。 □

- **ひとりあそびをジャマされるとキレる。** □

- そういやオトナになっても、ほっとくとひとりあそびしてる……かも。 □

- ひとりでワインを飲んで、ひとりでつぶれる。 □

- 買ってほしいものがあっても、きょうだいで団結して親と交渉できないので、キツイ。 □

- だから、友だちの名前を必死に並べる。 □

- **○○くんも、××ちゃんも、みんな持ってるよ〜といってみる。** □

- でも、そんな理屈では親を説得できない。 □

- そうでもないか、3回に1回はできてた。 □

- いろんな人からお古をもらうので、子ども時代の服の傾向がバラバラになる。 □

・親が受けてる「ひとりっ子プレッシャー」を
うすうす感じる。 □

・だから、必要以上にがんばる。 □

・**「早く自立しなきゃ」とがんばる。** □

・まっすぐに、前だけ見つめてつき進む。 □

・ちっちゃいときから独立心がある。 □

・それがよかったか、悪かったかは知らない。 □

・親も「ひとりっ子だから甘やかしちゃいけない」と、
必要以上にきびしく育てる。 □

・それは、ちょっとくやしい。損したぁ。 □

・末っ子のほうが甘やかされてるくせに。 □

・ん？　ひとりっ子って末っ子だっけ？ □

・家族旅行で海とか行くときは、ちょっと
手持ちブタさん。 □

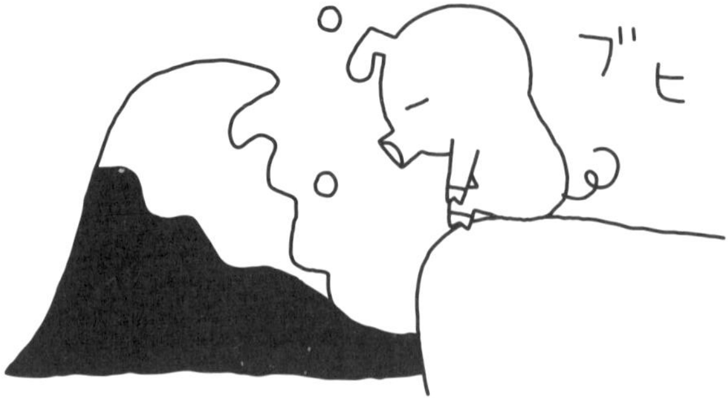

・親は日焼けをきらって砂浜を動かず。 □

・ひとりで波とたわむれるのも1時間で飽きるっしょ! □

・でも、楽しんでるふりしなくちゃ。 □

・また、親の顔色うかがってる。 □

・ゲームの相手がいつもいなかった。 □

・対戦ゲームよりロールプレイング。 □

・夜中までえんえんとひとり部屋で。 □

・ペットが兄弟がわり。 □

・どこへ行くのもいっしょ♥ □

・亡くなったときはあまりにショックで学校を休んだ。 □

・テレビのチャンネル優先権はつねに持っていた。 □

・でもテレビは１日２時間まで。キビチィ。 □

・計画的な子どもになる。 □

・夜９時には寝なさい。 □

・ちっちゃなときからひとり部屋。 □

・だから９時に寝るときもひとり。 □

・まったく問題なし。 □

・それでも、年に１～２度、怖い夢を見て、
親のフトンに入る。 □

・でも朝まではいない。 □

・１時間ぐらいで落ちついたら、自分の部屋に戻る。 □

・あとは、ひとりで朝まで快眠。 □

・親といっしょにお風呂に入らなくなるのは、
意外と早い。 □

・オトナの会話に平気で口をはさむ。 □

・それでオトナの人気者になる。 □

・調子にのりすぎて、ときどきしかられる。 □

・でもキホン、ほめられる。 □

・友だちの親からもよくほめられた。 □

・あいさつがしっかりしてるし、礼儀正しいし。 □

・お世辞のひとつもへっちゃら。 □

・オトナになんていえば喜ぶか、ちゃ〜んとわかってます。 □

・むかしから計算高い。 □

・子どもどうしの会話が苦手。 □

・だって相手、子どもなんだもん。 □

・子どもが好きなものは、あまり好きじゃない。 □

・甘いものとか。 □

・アニメのキャラとか。 □

・だって、子どもっぽいから。 □

・キャラクター入りの洋服はあまり
着せられなかった。 □

・けっこう親におカネをかけてもらってたんだ。 □

・ケンカ慣れしていない。 □

・敵意を向けられると、怖がるより、反発するより、
ただビックリする。 □

・相手を怒らせてしまうと、
どうしていいかわからない。 □

・仲直りってどうやってするの？ □

・まぁ、それだと子ども社会で生きていけないので、
小学校高学年ぐらいまでに克服。 □

・でも、けんかで反撃すると、やりすぎてしまう。 □

・自分はただ遊んでたつもりなのに、相手はいじめられてたと思ってたことがある。 □

・相手はいじめてるつもりなのに、こっちは気づかなかったこともある。 □

・**ドッジボールでは逃げるタイプ。** □

・あたるとイタイから。 □

・でも最後のひとりになりたくない。 □

・小学生のころから普通に、コーヒー飲みながら新聞読んでた。 □

・オトナにかこまれて育ったから、自分が早熟ということは知っていた。 □

・メロンは半分に切って食べるものだと思ってた。 □

・皮の青いところまでは食べないよ。 □

・やわらかくて甘いとこだけ。 □

・ほしい？　じゃ、皮あげるよ。 □

・どうぞ、どうぞ。 □

・調子にのってスイカを半分に切って食べたら、
おなかをこわした。 □

・スイカの皮もほしい？ □

・誕生日のケーキは上にのっている
イチゴだけを、ぜんぶ食べちゃった。 □

・土台のカステラはあんまいらない。 □

・辛いカレーとか、オトナの食べ物に慣れるのも
早かったなぁ。 □

・わさび抜きとかいったことがない。 □

・ピーマンがきらいとか、子どもみたいなこと
いうなよ。 □

3 システムアップ〈勉強・恋愛・仕事・結婚〉

System Up

・体操着も赤白帽もピッカピカだった。 □

・制服からなにからなにまで、学用品はイチからそろえないとならないなぁ。 □

・きょうだいのお古とか着てるやつがいると、貧乏くさ～と思ってた。 □

・進学するとき私立か公立かで悩まない。 □

・悩むのは、自分の学力だけ。 □

・けど、「ひとりっ子だから私立に行けた」といわれるのがイヤで、結局、公立を選びがち。 □

- **年度のはじめに、教科書をひととおり読んでしまった。** □

- わかるとこはわかる。
  わからないとこはわからないまま。 □

- で、１年間そのまま。 □

- 結局、卒業するまでそのまま。 □

- 恋愛はキホン的にオクテ。 □

・付きあうってどういうこと？　いっしょに帰ること？ □

・雑誌に書いてある恋愛がらみのページはくまなく
チェック。 □

・恋愛偏差値が低いと思ってた。 □

・なんとか平均点は越えたいっ。 □

・必死です。 □

・だからって、親には相談できない。
もうこんな年だしね。 □

・モテるやつと友だちになりたい。 □

・学校の成績をきょうだいでくらべられることがないのは、やっぱラクかも。 □

・でも、テストで何点とっても親にほめられたことがない。 □

・しかられたこともない。 □

・親も比較基準がないから、そんなものかと。 □

・通知表は１か５。極端。 □

・通信欄には「もっと協調性をもちましょう」とよく書かれた。 □

・一目ボレの経験がない。 □

・見た目だけで恋に落ちない。 □

・見た目も大事ですが。 □

・見た目100で、中身も100じゃないと。 □

・これは選択する問題じゃないでしょう。 □

・相手に「あなたの見た目だけが好き」
っていわれても。 □

・相手に「あなたの中身だけが好き」
っていわれても。 □

・どっちにしろうれしくないでしょっ。 □

・学校とか職場とか、
近場で恋人はつくりたくない。 □

・ややこしいのは、困るもんね。 □

・好きなタイプはいない。 □

・苦手なタイプはいるけど。 □

・妥協してまで恋人はつくりたくないっ。 □

・妥協してる時点で「恋」じゃないでしょ。 □

・でも、周囲の判断はどうでもいいです。 □

・自分が気にいればそれでいいです。 □

・自分が納得いってればそれでいいんです。 □

・同じ学校にきょうだいがいないので、上級生や
下級生に知り合いが少ない。 □

・上のきょうだいがヤンキーだと、
学校生活はかなりラクだったはず。 □

・ちがうかな？ □

・でも、きょうだいがいじめられっ子だったりすると、
キツイかもね。 □

・実際どうだかは、知りませんが。 □

・ひとりっ子よがりです、ウン。 □

・音楽やファッションなどイマドキの流行が
伝わってくるのがオソーイ。 □

・そういう情報は、上のきょうだいがいる友だちから。 □

・エッチな情報も、まあ、だいたいそっち方面から。 □

・悪いあそびも、だいたいそっち方面から。 □

・で、「そんなの知ってたよ。あたりまえじゃん」と背伸びする。 □

・トーゼンながら集団行動がニガテ。 □

・だから、修学旅行とか、めちゃ気が重い。 □

・でも、宿で一晩中みんなで騒いでるのは好き。 □

・夜の宿だけいっしょで、あとはオール自由行動の修学旅行だったらよかったのに。 □

・現地集合、現地解散だったらなおよし。 □

・あまりおみやげを買った記憶がない。 □

・でも、自分へのおみやげはかならず買う。 □

・自分へのごほうびもダイスキ♥ □

・浪人生活も、親に負担かけてる実感がそれほどない。 □

・予備校も１週間行って、それっきり。 □

・数年浪人してようやく入った大学も、２年で退学。 □

・それがなにか？ □

・いいじゃない。生きてるだけで親孝行。 □

・**就職活動で、「この会社に就職できたら、なんでもやります」という意欲が見せられない。** □

・そりゃ、「なんでも」はやらないよ〜。 □

・上辺《うわべ》だけそつなくこなしても、「この会社で働いてあげてもいいけどね。まぁ、わたしを高く買ってくれるなら」という本心はバレてます。 □

・頭ごなしにおこられた瞬間、やる気をなくす。 □

・そして、キレる or 逃げる。 □

・ちゃんと説明してくれれば、ちゃんと聞きます。 □

・何時間でも聞きます。話し合います。 □

・説明がないことにガマンならない。 □

・納得すれば従います。 □

・ほめられたら、かなりムチャなことでもやります。 □

・もっとほめなさい。 □

・さぁ、ほめなさい。 □

・本心はどうでもいいんです。
ことばだけでもほめなさい。 □

・期待されればされるだけ、やる気がでます。 □

・プレッシャーが逆に栄養源です。 □

・ハードルが上がれば上がるほど燃えます。 □

・期待されれば、命も捨てる……かも。 □

・「キミにしか頼めない」とか、「キミだけが頼りだ」ということばに、めっぽう弱い。 □

・だれでもいいんだったら、ほかの人に頼んでください。 □

・期待されてないとわかった瞬間、やる気ゼロです。 □

・９回ウラツーアウトの代打もどんとこい！ □

・おだてられれば。 □

・どんなことでも、まかせとけ！ □

・ブタもおだてりゃ木にのぼるブゥ〜。　□

・人に仕事をまかせられない。　□

・ぜんぶ自分でやったほうがラク。　□

・じゃなきゃ、ぜんぶまかせちゃう。　□

・あとのことは……知りません。　□

・ともいえないんで、結局、ぜんぶひとりで尻ぬぐい。　□

・相手が望んでいないことを無理強いできない。 □

・だから営業は無理……向いていないかも。 □

・相手がほしくないっていってるんだから、しょうがないでしょう。 □

・自分もほしくないものは絶対買いません。 □

・どんなに勧められても買いません。 □

・ねばったってダメダメ。 □

- ほしい、ほしくないは最初っから決まってます。 □
- というか、会社員は向いてないかも。 □
- まっ、上司しだいですね。 □
- 上司がんばれ！ □
- いや、自分もがんばりますが……。 □
- たぶん。 □
- **できる範囲で。** □
- いや、期待の量だけ。 □
- でも、「期待してるからこそ厳しくする」とか、
  そういうのは通用しないですよ。 □
- キホンはほめる、おだてる、頼りにする。 □
- それを忘れないように。 □

・と、いろいろいったけど、「仕事ってそんなもんじゃないよね」とか、「現実ってそうはいかないよね」ってことも知ってます。 □

・けっこう、冷めてます。 □

・まぁ、好ききらいをいえばの話です。 □

・それをいいだしたらクビになることも知ってます。 □

- だけど、クビになってもしかたない。 □

- 気にしない。 □

- 冠婚葬祭《かんこんそうさい》のマナーとかしきたりがよくワカリマセン。 □

- 親せきの結婚式が、貴重な情報源。 □

- へぇ～、ご祝儀ってこんなに入れるもんなの？ □

- まだ予定もないのに、「あんたはいつなの？」
  って目で親は見てくる。 □

・自分にとっての晴れ舞台は、親にとっても一生に
一度。 □

・気合の入れ方がコワイ。 □

・期待に応えられればいいんだけどね。 □

**・自分が結婚したら、子どもは
ひとりっ子でもいい。** □

・きょうだいってのも見てみたいから、
ふたりっ子もいいな。 □

・「ひとりっ子だから」っていいたくないし、
いわれたくないし。 □

・数にこだわりません。 □

・でも、たぶんひとりっ子だろうな。 □

4 付属品〈趣味・外見・好物〉
Accessories

- 少子化問題のニュースを見ても、危機感を感じない。 □
- 別にいいんじゃない？　と思う。 □
- 中国の「ひとりっ子」政策も、別にいいんじゃない？ □
- つうか、それがフツーだし。 □
- **人ばっかり多くてもね。** □
- 世界に人が多すぎでしょう。 □

- 並んでまで食事をしたくない。 □
- だから人気のラーメン屋で食べたことがない。 □
- でも予約するのもメンドー。 □

・ふらっと行って、すいてるのがベスト。 □

・まぁ、だれかが予約しといてくれるなら、
それでもいいですけど。 □

・おいしくて混んでる店と、味はほどほどですいてる店なら、ほどほどを選ぶ。 □

・まずいのは問題外でしょう。 □

・だったら１食抜いたほうがいい。 □

・店員に気をつかうからカウンターは苦手。 □

- **大人数の飲み会が苦手。** □

- せいぜい４～５人まで。 □

- 大人数の飲み会だと、結局、ひとりかふたり相手に話しつづけてる。 □

- 二次会で人が減るとホッとする。 □

- どんどん人が減るのが楽しいから、けっこう最後まで残る。 □

- 残ってほしい人だけ残らせる工作をする。 □

- **それが無理だったら、
いっしょに飲みたい人だけ
ピックアップして抜ける。** □

- べつに悪いとは、思わない。 □

・メンドーな飲み会だったら、いつのまにかスッと消えるのは得意。 □

・いくつもお店をハシゴするのは落ちつかない。 □

・ひとつの店でゆっくりしたい。 □

・隠れ家的な店が好き。 □

・そのまま隠れてしまいたい。 □

- 集団競技は別に苦手じゃないですよ。 □

- **エンの下の力持ちということばにエンがない。** □

- マネージャーとかスタッフより、プレイヤー。 □

- つねにスポットライトが当たってないとイヤ。 □

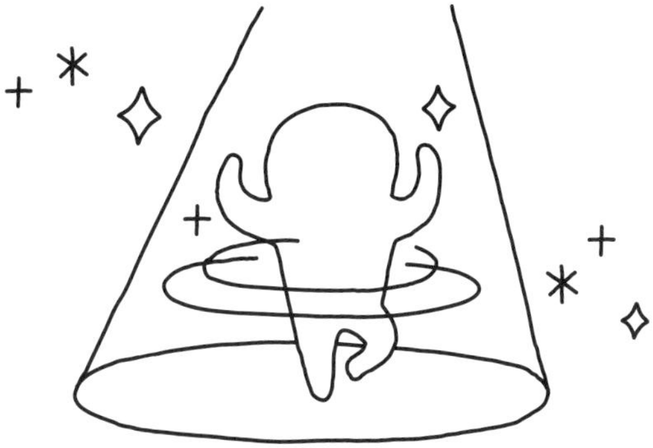

- 集団競技も、個人競技も結局いっしょ。 □

- **連帯責任というものが、いまだに理解できない。** □

・人の失敗の責任かぶるのも、自分の失敗の責任を人に負わせるのも耐えられない。 □

・少なくとも人の失敗の責任をかぶるのはサイアク。 □

・でも、感謝してもらえるなら、ガンガンかぶるかも。 □

・まっ、キホンは、成功も失敗も、ぜんぶひとりじめ。 □

・遊園地も貸しきってくれるなら喜んで行きます。 □

・貸しきってくれないなら、人気のないアトラクションにだけ行きます。 □

・行く意味あるのかってね。 ☐

・だから、あまり行きません。 ☐

・店内かお持ち帰りかと聞かれれば、お持ち帰りで。 ☐

・スポーツ観戦で、みんなで応援するのは苦手。 ☐

・解説者みたいに語るヤツとか。 ☐

・ヤジるやつとか。 ☐

・仲よくなれそうにない。 ☐

・店員に「いまこれ流行ってますよ」といわれた瞬間、
買いたくなくなる。 □

・街で同じ服装の人を見たら死にたくなる。 □

・１枚のＣＤをリピートで聴きつづける。 □

・気に入ったら３カ月くらい同じＣＤ。 □

・わが家のヘビロテになる。 □

・いつのまにか母もファンになっていた。 □

・ずっと前から自分が着ていた服が流行になると、
絶望的な気分になる。 □

・でも、いまさらこっちが変えるのはバカらしい。 □

・よしっ、がまんくらべだ！ □

・１年ぐらい経てば、たいてい、こっちの勝ち。 □

・セールも混んでるからイヤ。 □

・人を押しのけて靴下買ってどうするの？ □

・ほしいものがなかなか見つからない。 □

・どうしても必要で買わなきゃいけないのに、
気にいったものが見つからないとき、ホントに困る。 □

・なにかが義務になった瞬間、
ウンザリする。 □

・好きなものも、きらいになる。 □

・好きな人も、きらいになる。 □

・散歩は好き。 □

・目的がないから。 □

・ツアーの旅行も好きじゃないです。 □

・集合時間を守れる自信がない。 □

・見たいところを、時間を気にせず見たいだけ見る。 □

・移動も楽しめない。 □

・行きたくないところに、行きたくない。 □

・できれば瞬間移動で目的地に行きたい。 □

・そしたら、パスポートなくっても海外へ行けちゃうしラッキー！ □

・じゃなきゃ、気絶した状態で小包で送って。 □

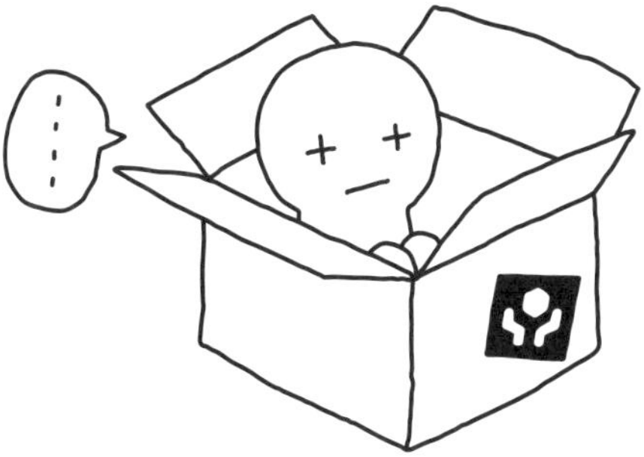

・でぶしょう。 □

・「デブ症」じゃないよ、「出不精」だ。 □

・なかなか家を出ない。 □

・で、勇気を出して家を出て、どっかに行ったら……。 □

・今度はそっから動かない。 □

・だから、いちど出かけたら、いつ帰ってくるか
わからない。 □

・外国へ行くなら、アメリカよりアフリカ。 □

・日本人が少ないってことばにひかれる。 □

・「アフリカってどんなだった？」って人から聞かれて、
得意げに語りたい。 □

・フットワークが軽いんだか、重いんだか。 □

・トイレのなかで本を読む。 □

・食事のときも本を読む。 □

・お風呂でも本を読む。 □

・だから好きな本はかならず２冊購入。 □

・保管用と読書用。 □

・やべ、保管用をまちがって持ってきた。 □

・**コーヒーこぼした。** □

・３冊目を買いに行く。 □

・家に帰って本棚見たら、もう１冊発見！ □

・いつ買ったんだろ？ □

・ひとんちで靴下を脱がない。 □

・自分ちで脱がれるのもヤだな。 □

・相手にはいえないけどね。 □

5 他機種との相性〈親・友人・知人・恋人〉

Affinity

- 自分しだいで一族が終わってしまう。 □
- 別にそれでもいいかなと思う。 □
- **老後のメンドーは**
  ショージキ見れないかも。 □
- ゴメン。 □
- ホントにゴメン。 □
- 気にしてないわけじゃないんだよ。 □
- でも無理なものは無理なのっ。 □
- ひとりっ子だもの。 □

・もし、ここにコピーロボットがあったら、自分をもうひとりつくる。 □

・そしたらメンドー見れるね。 □

・ひとりといわず、ふたり、３人つくろう。 □

・親が死んだとき葬式の準備とか、親せきや知人への連絡も、全部自分ひとりでやるのか……、あ〜あ。 □

・でも、遺産相続でモメなくていいのは気がラク。 □

・結婚する相手もひとりっ子だったりすると、
親の老後問題は２倍。 □

・自分の親と同居するよりも、相手の親と同居した
ほうが気がラクかも。 □

**・子どものころから、人の親ウケは
よかったし。** □

・なんとかなるでしょう。 □

・パートナーと自分の親の板ばさみは耐えられません。 □

・自分の親とパートナー、「どっちかを選べっ」て
いわれたら、もちろんパートナーを選びます。 □

・シビアな話ですが。 □

・両親、たびたびゴメン。 □

・きょうだいが犯罪とかして、肩身のせまい思いを
しなくてすむね。 □

・そのかわりきょうだいが成功者になっておこぼれに
あずかることもできない。 □

・子どものころからいろいろ手伝わされてきたんで、
家事全般は問題なし。 □

・でも、分担ができない。 □

・そうじも炊事《すいじ》も洗たくも、ぜんぶ自分なりのやりかたが
ある。 □

・あっ、ここにまだホコリが。 □

・あっ、ナベの洗い方はそうじゃないよ。 □

・洗濯ものはもうちょっとためてから洗濯しようよ。 □

・……と相手にいうのもイヤなので、結局、
ぜんぶ自分ひとりでやってしまう。 □

・感謝されたり、イヤがられたりは、相手しだい。 □

・まぁ、ときどきは、「あえて相手に頼む」という
サービスもしますが。 □

・人の顔色見るのは得意なんで。 □

**・人と映画を観にいくと、
相手が楽しんでるかが
気になって気になってしかたがない。** □

・予告の間はね。本編がはじまると忘れてるけど。 □

・だからキホン、映画はひとりで観にいく。 □

・じゃなかったら、徹底的にリサーチしてから、相手が確実に喜びそうな映画だけいっしょに行く。 □

・それでハズレだったら、ドン底。 □

・もう二度と誘えない……。 □

・やっぱ誘うより、誘われるほうが、圧倒的に気がラク。 □

・でも相手に誘われた映画がつまらなくても、気をつかって「おもしろかった」といってしまう。 □

・ふぅ〜。 □

・独占欲はあまり強くないですよ。 □

・わざわざ「独占しなきゃ」とあせった経験もないし。 □

・独占するのもめんどくさい。 □

・でも所有欲はあります。 □

・支配欲も強いです。 □

・１本のジュースとかタバコとかを
ふたりでわけあうのはきらいじゃない。 □

・そういう瞬間に連帯感を感じます。 □

・ま、たまにのことだからだろうけどね。 □

・ずうずうしく要求されたら拒絶します。 □

・人にぶつかるのがとってもきらい。 □

・だから、前から来る人をだーいぶ遠くから避けて
右側による。 □

・なのに、その人も同じ方向によってくる。 □

・前、見ろよっ。 □

・心づかいに気づけよ。 □

・家族よりも、友だち、恋人。 □

・親のほうが先に死ぬし。 □

・でも恋人と毎日会おうとは思わない。 □

・毎日電話しようとも思わない。 □

・毎日、電話かかってきたらウンザリです。 □

・わざわざソクバクしようとは思いません。 □

・あんま好き勝手やってるんなら、見切ります。 □

・恋人と「空気みたいな関係」がいいと思わない。 □

・だって、相手は「人間」で「空気」じゃないでしょ。 □

・この先も「ずっと好きか」なんてことには、答えられません。 □

・たぶんとしかいえません、ええ。 □

・人間、どう変わるかなんてわからないから。 □

・できない約束をしてもしょうがない。 □

・となりの芝生は青く見えない。 □

・というか、そもそもとなりの芝生をあまり見ない。 □

・となり、芝生なんですか？ □

・断崖絶壁《だんがいぜっぺき》かもよ。 □

・デートでの支払いにこだわりはない。 □

・**お金をたくさん持ってるほうが払えばいい。** □

・そうじゃなきゃ、ワリカンがキホン。 □

・デートプランはあんまりねらない。 □

・いきあたりばったり。 □

・それもまた楽し。だよね？ □

・**人の買い物に付きあいたくない。** □

・自分の買い物にも付きあわせたくない。 □

・服を買うのに、値段見て、タグを見て洗濯方法まで細かくチェックする。 □

・見た目が気に入ってても、家で洗えないとなー。 □

・迷ったあげく、却下。イチから探しなおし。 □

・ヤでしょ？　こんな買い物。 □

・だから、誘いませんヨ。 □

・**年上の異性からは好かれる。** □

・年上の同性とは微妙なカンケイ。 □

・すごく年上だったら、両性から好かれる。 □

・年下の異性とはケースバイケース。 □

・年下の同性とは比較的うまくいく。 □

・すごく年下だったら……関係がもてない。 □

・子どもはわりと好き。 □

・いや、好きじゃない。 □

・子どもの相手をするのはニガテじゃない。 □

・まぁ、３時間以内で終わるなら。 □

・赤ん坊は……メンドー見たことないから
ワカリマセン。 □

・ひとりっ子は社会性がないといわれますが……、
そうかな？ □

・ちゃんと仕事してお金もらってるんだから、
それなりにはあるんじゃない？ □

・社会性ゼロだったら、もうとっくに死んでいます。 □

・友だちはいます。 □

・そんなにたくさんはいないけど。 □

・100人も友だちいらないです。 □

・顔と名前覚えられなさそうだし。 □

・恋人もいます。 □

・そんなにたくさんはいないけど。 □

・恋人も……100人はいらないな。 □

6 使用上の注意—安全にお使いいただくために—

Attention

・「やっぱり、ひとりっ子だからワガママ」は禁句でしょう。 □

・ワガママなんじゃない、自己主張がはっきりしているだけといって。 □

・「うんうん、ひとりっ子っぽいね」も上に同じ。 □

・ひとりっ子って、けっこう天才が多いの知ってる？ □

・もしかして、ほめてくれた？ □

・**「きょうだいがいなくてさみしいでしょう」といわれても……、ねぇ。** □

・よけーな、お世話だよ。 □

・いや、むしろきょうだいがいるのって
タイヘンでしょ？ □

**・もっと禁句なのは、「ひとりっ子って、
かわいそう」** □

・自分はいいけど、親はたまんないよ。 □

・人にはそれぞれ事情がある。 □

・別にかわいそうじゃないですし。 □

・「ひとりっ子だったら産まないほうがいい」とか、
大きなお世話です。 □

・ひとりっ子はだまされやすい。 □

・いや、一度信じたら最後まで信じるだけだよ。 □

・「だまされた」とわかっても、受け入れられずに
思考停止＝フリーズ。 □

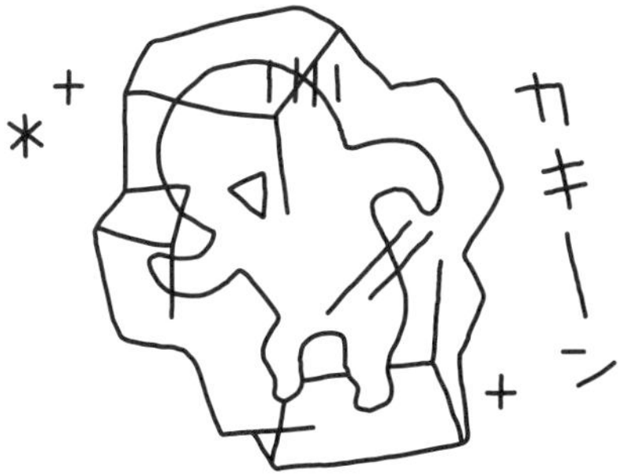

・ほかに信じられる人を見つけたら、リカバリー。 □

・自分をおとしいれるやつなんて、そんなにいないって
どこかで思ってる。 □

・人に呼びすてにされると内心では
怒ってます。 □

・友だちはモチロン。 □

・たとえ恋人でも。 □

・「ちゃん」づけもちょっと。 □

・どんなに親しみがこもっていても。 □

・あだなもどうかな？ □

・子どもじゃないんだし。 □

・まぁキホン、「さん」づけでしょ。 □

・親しき仲にも……です。 □

・ひとりっ子は「ワガママだ」と
いわれたら、ムッとする。 □

・そんなセリフは聞きあきた。 □

・でも「自分がしっかりあるんです」と答える。 □

・「他人に流されないんです」ともいえる。 □

・ひとりっ子は「甘えてる」といわれたら。 □

・「人さまからの愛情を素直に受けとれるんです」といってやりましょう。 □

・はずかしがらずに、人への愛情を表現できるんです。 □

・これトクすること多いよ、ウン。 □

・「甘え力」って本を出せるね。 □

・ひとりっ子は「冷たい」といわれたら、
カチンとくる。 □

・「他人にも自分にもキビシイです」と答える。 □

・みんな、夢みすぎだよ。 □

・夢は空想で十分に見ているから。 □

・現実はシビアだって知ってる。 □

・もし、ひとりっ子が落ちこんでいるのを見たら。 □

・ほっときましょう。 □

・かってに自動修復します。 □

・そのへんは優秀です。 □

・ホントにどうにもならなかったら、素直に人に助けを求めます。 □

・そのへんの自己判断も優秀です。 □

・助けを求められたら、求められたことにだけに応えましょう。 □

・よけいな手出しをするとマズイ。 □

・こじれることもあります。 □

・あとはキホンの「ほめる」を忘れずに。 □

・ほめてね―。 □

・それで、だいたいのことはリカバリー。　□

・「ひとりっ子でうらやましいなぁ」といわれても困る。　□

・「得したでしょう」といわれてもね。　□

・得したこともあるだろうし、損したこともあるだろうし、それが人生。　□

・人とくらべてもしょうがない。　□

・人とくらべず生きられるってこと、よ〜く知っている。　□

・「ひとりっ子だとマザコン、ファザコン」幻想も困ったものだ。　□

・たしかに、時間とお金はかけられてきた。　□

・だから、なんだ？　□

・末っ子のほうが、その傾向があるような気がするけど。 □

・こうやってひとりっ子と末っ子は、罪のなすりあいをする。 □

・それを真ん中っ子が笑って見てる。 □

・長男長女とひとりっ子って、あんまりちがいがないような。 □

・まっ、どうせこれから少子化で、みんなひとりっ子でしょ。 □

・ザマーミロ。 □

・なにが？ □

- ひとりっ子だっていいじゃない。 □

- ひとりっ子だって人間だ。 □

- さあ、胸をはろう！ □

- ……でも、人から「ごきょうだいは？」と聞かれると口ごもったり。 □

- **「弟がいます」ってウソついてみたり。** □

- 「どう思う？」って質問で返してみたり。 □

・でも、ひとりっ子でいることがきらいかといえば。 □

・そんなことはない。 □

・好きかといわれてもねぇ。 □

・答えようがない。 □

・だって、ひとりっ子の状態しか知らないから。 □

・**じつは、自分がひとりっ子だということをあまり考えたことがないし。** □

・人の家族構成にも興味がない。 □

・ともあれ、なんだかんだいって自分のことが好きだし—。 □

・**結局、自己評価もメチャクチャ高いし。** □

・自分ダイスキ♥ □

・これで問題なしです。 □

・自己満足でもかまいません。 □

・自分がナイより、ずっとイイ！ □

・**気分ソーカイです。** □

・そういうわたしのこと、あなたも好きでしょ？　□

・わたしは、あなたのことが好きです。　□

**・素直なところも、ひとりっ子の
いいところ。**　□

・ね？　ひとりっ子っていいでしょ？　□

7 こんなときどうする？—シミュレーション—

Simulation

○もしも、朝、遅刻しそうなとき、目の前で電車のとびらがしまりそうになったら、どうする？

→あきらめて次の電車にする。でも、次の電車も満員でギュウギュウづめだったら、あきらめてその次の電車にする。その次の電車もギュウギュウだったら……。それで遅刻する。 □

○もしも、大地震が起きて、家族と連絡がつかず、生死も不明なままだったら、どうする？

→少しは探すかもしれないけど、すぐにあきらめるかも。生きていればいずれ会えるし、死んでたらそれまでなんで、あまり気にしない。 □

○ある日、自分が日本の首相になることが決まってしまったら、どうする？

→プライバシーもプライベートもなさそうで、イヤだなぁ。期待されるならガンバリますが、支持率が下がったら、すぐ解散しちゃう。 □

○もしも、タイムマシーンが発明されて、過去や未来に自由に行けるようになったら、どうする？

→過去に行って、子ども時代の自分に、いろいろと教えてあげる。未来の自分を見て、いくらぐらい貯金しといたほうがいいか考える。 □

○もしも、道端で突然人から声をかけられて、向こうはこっちの名前も顔も知ってるらしいのに、どうしても思いだせなかったらどうする？

→なにげない会話を交わしながら、その会話のはしばしをヒントに、必死に思いだそうとする。で、なんとなくいつの時期の知り合いかはわかるけど、結局、名前は思いだせずにわかれる。家に帰ってアルバムを見て、「あいつか！」とわかってもあとの祭り。だからってその後、連絡しない。 □

○もしも、自分の結婚相手が、じつは８人きょうだいとかだったら、どうする？

→まず名前を覚えられないよ。急に兄も姉も弟も妹もできたりすると大パニック。あと、法事のときとか、親せき一同が集まるときもキツイなぁ。
おとなしくしてます。 □

○もしも、自分が子どもをつくるなら、ひとりっ子がいい？　それともたくさんきょうだいがいたほうがいい？

→ひとりっ子でも、５つ子でもかまわない。コウノトリさんにまかせます。こだわりはなし。まっ、シビアな話をすれば経済状況しだいなんでしょうけど。 □

○もしも、乗っていた船が難破して、自分ひとりだけ無人島に流れついたら、どうする？

→まずは水の確保。それから食料の確保。あとは住むところをつくって、トイレもつくって、やること多くて、悩んでいるヒマないです。 □

○もしも、トイレで並んでいるとき、すぐ後ろの人の便意が緊急を要することがわかったら。

→きょうだいっ子なら、ゆずってあげるでしょうけど、ひとりっ子はゆずらない。順番は順番。ルールは守るためにあるんでしょ。 □

○もしも、竹ヤブで１億円拾って、結局、落とし主が見つからず、全額自分のものになったら、どうする？

→たぶん、ひとりっ子は、だれにもいわず、ぜんぶ自分のものにしてしまう。持ちなれない金を親にあげてもロクなことにならない。知らない親せきがふえても困るし。きょうだいのいる人は、きょうだいにそういう幸運が訪れる可能性を考えて、見返りを期待してわけるかも。 □

○もしも、買ってきたパンの中にクギが入っていたら、どうする？

→たぶん、クレームをつけない。そのクギを壁に打ちつけて、ながめてみる。さぁ〜て、なにを引っかけよう？ □

○もしも、新幹線でとなりに座った人の足が自分の席まで伸びてきていたら。

→「足、わたしの陣地に入ってます」っていいたいけどいえない。でも密着してんのもイヤだ。自由席にうつっちゃおうかな。 □

○もしも、人と食事していて、お皿に鳥のカラアゲが１個だけ残ったとき。遠慮しててだれも手をつけなかったら、どうする？

→ひとりっ子は、さっさっと率先して食べちゃう。いつまでも置いといてもしょうがないでしょう。冷めたらおいしくないし。そもそも、そういう遠慮しあってる空気がキライ。あとから文句いうヤツがいたら、もう１皿頼めばいいじゃん。きょうだいのいる人は、やっぱり遠慮するのかな。でも、きょうだいのいる人ほど、食べたいものを急いで食べないとなくなっちゃうから、がっついてるかも。 □

○もしも、人と外で食事をするとき、自分はおすしが食べたいのに、相手がフランス料理を食べたいといったら、どうする？

→ぜったい相手に合わせないわけじゃないけど、別々に食事をするのもおもしろいかも。別々に食事して、食後に再集結というのも、たまにはいいんじゃない？　□

○もしも、外で食事をしていて、お金を払うときに足りないことに気づいたら、どうする？

→「皿洗いして返します」というドラマみたいなセリフが通用するか試してみる。……けどホントは、サイフにいくら入ってるか確かめずに店に入らない。　□

○もしも、悪魔が現われて、３つの願いをかなえてくれるといってきたら、どうする？

→ひとつめとふたつめの願いは好きなことかなえてもらって、３つめで、「あと３つのお願いきいて」とお願いする。悪魔を永久に使いまわしてやる。 □

ひとりっ子濃度チェック

ここまでお疲れさまでした。
このページでは、カンタンな計算でアナタ or アナタの身近なひとりっ子の「ひとりっ子濃度」がわかります。

１ページあたりのチェック数は？

※だいたいの見当でかまいません。

Ⅰ　すべてにチェック

Ⅱ　１ページに４～６つチェック

Ⅲ　１ページに２～３つチェック

Ⅳ　１ページに０～１つチェック

判定結果

Ⅰ　ひとりっ子濃度　100%

完全なるひとりっ子。個性が強すぎて他人には理解されにくいです。でもそれがあなたの武器。開きなおりましょう。

Ⅱ　ひとりっ子濃度　80%

かなりひとりっ子濃度が高いようです。もう少しまわりを見て空気を読めば、もっと友だちが増えるでしょう。

Ⅲ　ひとりっ子濃度　60%

やや高めのひとりっ子濃度。ほどよく個性的で人気者になれる素質あり。今後もこのバランスをキープしましょう。

Ⅳ　ひとりっ子濃度　30%

ひとりっ子なのに濃度が薄いアナタは、ひとりっ子の悪いイメージを払拭《ふっしょく》できる貴重な存在。もっと前に出ましょう！

おわりに

みんな、いちどはひとりっ子

　ひとりっ子も、そうでない人も意外とあてはまってなかった？　だって、弟や妹がいる人だって、生まれてからしばらくはひとりっ子だったんだから、そう考えると、けっこうひとりっ子の幅は広がる。
　わたし、ひとりっ子歴３年でしたとか、わたしは４年でした、とか。

　それに、年上のきょうだいがいる人だって、年がはなれていたら、ひとりっ子みたいなものだし、お兄さんお姉さんが遠くに住むようになったら、ひとりっ子になったようなもの。最初から最後までひとりっ子だった人だけが、ひとりっ子じゃない。

　だから、ひとりっ子って、特別ではなくだれにもあてはまるもの。そう思うとひとりっ子はムズカシクナイでしょ？

この本を読んで

・ひとりっ子が好きになった。 □

・ひとりっ子とうまくつきあえそうな
気がしてきた。 □

・じぶんもひとりっ子みたいなとこあるな
と思った。 □

ナゾだったひとりっ子の気持ちが、少しは理解できたかな？

Dalle Dalle

著者プロフィール

Dalle Dalle（ダル・ダル）

ある年のエイプリルフールに、大都市圏の住宅街に誕生する。３人兄弟の長男の父と、２人姉妹の次女の母のもとに生まれたひとりっ子。幼いころからピアノ、絵画を学び、芸術の都・パリに留学。著者名は、そのときのクラスメートからつけられたあだ名。

Staff

編集・構成	造事務所
イラスト	柏原晃夫（京田クリエーション）
カバー・本文デザイン	コマツ＊タカヨ

ひとりっ子の取扱説明書

2008年7月15日　第1版第1刷

著　者　Dalle Dalle
発行者　蔀　聡志
発行所　株式会社廣済堂出版
〒104-0061　東京都中央区銀座3-7-6
電話　03-3561-1160（編集部）　03-3538-7212（販売部）
Fax　03-3538-7223（販売部）
振替　00180-0-164137
http://www.kosaido-pub.co.jp

印刷・製本　株式会社廣済堂

ISBN978-4-331-51330-9 C0095